Frische Luft
Der Assoziations-
Assistent

AF123435

Frische Luft
▼
kalt
▼
Jacke
▼
draußen
▼
Natur
▼
Wiese
▼
Blumen
▼
Vase
▼
Tisch
▼
Stuhl
▼
sitzen
▼
lesen
▼
Buch
▼
Papier
▼
Zeichnen
▼
Farben
▼
Gemälde
▼
Ausstellung
▼
Museum
▼
Führung
▼
laufen
▼
Bewegung
▼

Sebastian Jung
Frische Luft
Der Assoziations-
Assistent bei
Kreativblockaden

Menschen sammeln Dinge. Alte Schallplatten. Teure Armbanduhren. Wirklich seltsame Dinge aus Porzellan. Und ich? Ich bin Ideensammler. Immer. Überall. Ich kann nicht anders.

Ob an der Supermarktkasse, in der U-Bahn oder morgens unter der Dusche – mein Kopf kennt keinen Aufnahmestopp, er ist auf Dauerempfang eingestellt. Hier finde ich Inspiration für ein Fotomotiv. Dort kommt mir die Idee für eine neue Skulptur. Und an der nächsten Ecke denke ich über ein albernes Wortspiel nach.

Eine romantische Tagträumerei, die schnell zu einer leidenschaftlichen Suche nach diesem einen magischen Moment wird, wo etwas zueinander findet, das vorher nicht zusammengepasst hat.

Eine Suche, die auch zu ganz banalen Alltagsfragen führen kann: Warum stehen wir eigentlich in einer Dusche und liegen in einer Badewanne? Könnten wir das nicht auch umgekehrt machen? Wie wäre es also mit einer Stehbadewanne oder einer Liegedusche?

Solche und andere Ideen landen in meinem Smartphone, in Notizbüchern und auf unzähligen Post-it-Stickern, die wie Schlingpflanzen auf meinem Schreibtisch wuchern. So entsteht ein Ideenarchiv, in dem ich mich nur noch zurechtfinden muss.

Im Büro geht die Suche weiter.
Ein Stift, zwei Kaffee, drei
Gedankenumdrehungen.
Ideen finden für Kunstaktionen,
Ausstellungen, Grafiken
und Illustrationen – teils für
persönliche Projekte, teils
für Kundenaufträge. Immer
mit dem Ziel, etwas Einzigartiges
zu schaffen. Etwas, das
sich abhebt von der Masse,
abweicht von der Norm.

Leider gibt es sie dann doch,
diese schrecklichen Tage des
Stillstands – wir kennen sie
alle, oder? Es tut sich plötzlich
nichts. Einfach gar nichts.
Keine Idee. Nirgends. Eine
totale Blockade. Die Synapsen
sind verstopft, die Kreativ-
muskeln schlapp. Die Gedan-
ken verpuffen, noch bevor sie
Gestalt annehmen könnten.

Und jetzt, was tun? Wie können wir die Leere im Kopf füllen? Wo ist der Funke, der etwas zündet? Meine bewährte Ablenkungstaktik: Ich prokrastiniere mich erst mal durch den Tag und hoffe, dass die Gedankenmaschine schon wieder anspringt. Und falls nicht?

Oft kann ich dann nicht widerstehen und greife doch zum Smartphone. Geht es euch auch so? Wir betreten die digitale Welt, wo es nur so lockt und blinkt und aufpoppt, wo Worte und Bilder durch die Timeline fliegen. Wo, wenn nicht auf Instagram, können wir in Not noch fündig werden?

Hier gibt es doch Ideen
auf dem laufenden Infinite
Scroll. All you can see. Reiz-
überflutung, bis die Netz-
haut brennt.

#ideas
#goodideas
#bestideas
#superideas
#newideas
#originalideas
#innovation
#creativity
#creativebrain
#inspiration
#inspirationnow
...

Nein, stopp, das ist zu viel.
Nach ein paar Minuten in der
glitzernden Scheinwelt, über-
sättigt vom Instagram-Feed,
macht sich Frust breit. So wird
das nichts. Wir können viel-
leicht alles sehen und werden
dabei trotzdem nichts ent-
decken, das uns weiterhilft,
eine Kreativblockade zu lösen,
wenigstens zu lockern.

Also weg mit dem Smartphone und raus auf die Straße, den rauchenden Kopf durchlüften. Am besten gleich auf Durchzug stellen. Platz machen für neue Gedanken, die hineinwehen, hineinstürmen, alles durcheinanderwirbeln, wieder neu ordnen.

Die Straße ist eine Bühne. Hier spielt das Leben. Und hier liegen die Impulse verstreut, die zu neuen Ideen führen. Wir müssen sie nur noch aufsammeln.

Nehmen wir zunächst mal an, unser aktueller
Auftrag ist die Umgestaltung einer Speisekarte.
Die Auftraggeber*innen haben keine bestimmten
Vorgaben gemacht. Originell soll es natürlich sein.
Wir scannen also die Umgebung während des
Spaziergangs und reagieren auf die Impulse, die uns
am meisten triggern. Die hier zum Beispiel:

Impuls:

Ein Straßenmusiker
in der Fußgängerzone.

Idee:

Könnten Kellner*innen
das Tagesmenü am Tisch
vorsingen?

Impuls:

Auf dem Tresen eines
China-Imbisses steht
eine Schale mit Glücks-
keksen.

Idee:

Könnte als Vorspeise ein Glückskeks
gereicht werden, in dem die Speisekarte
auf einem Zettel eingebacken ist?

Und jetzt stellen wir uns vor, ein lokales Museum beauftragt uns mit einer Werbekampagne.

Welche ungewöhnliche Idee für den Kunden fällt uns ein und welcher Impuls könnte dabei helfen, sie umzusetzen?

Impuls:

In einem Fotoautomaten macht jemand Porträtbilder.

Idee:

Könnten wir die Museumswärter*innen in einem Werbefilm porträtieren? Wie heißen sie, was sind ihre Hobbys und vor allem: Wie würden sie ihr Lieblingsbild aus der aktuellen Ausstellung beschreiben? Das beschriebene Bild wird nicht gezeigt. Dafür müssen sich die Leute schon ein Ticket kaufen.

Impuls:

Im Treppenhaus fällt uns ein Türspion auf.

Idee:

Könnten wir in der Stadt kleine weiße Holzboxen aufstellen, in denen sich ein Türspion befindet? Beim Durchsehen entdeckt man eine Vorschau auf ein Ausstellungsstück und erweckt so Neugierde bei den Passant*innen.

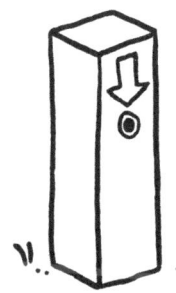

Oder was wäre, wenn eine Kollegin oder ein Kollege um Hilfe bei einer Plakatidee für ein Musikfestival bittet? Das Hauptgestaltungselement muss einen hohen Wiedererkennungswert haben, der sich später wie ein roter Faden durch alle analogen und digitalen Medien ziehen soll. Welche Beobachtungen könnten unser gemeinsames Brainstorming beeinflussen?

Impuls:

In einem Freibad zieht jemand seine Bahnen.

Idee:

Könnten wir aus Schwimmnudeln vielleicht eine Typografie bauen, die später abfotografiert auf dem Plakat platziert wird?

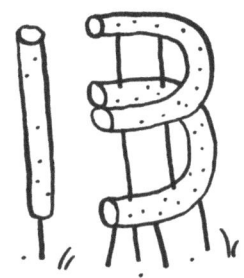

Impuls:

In einer Tageszeitung wird für Sonntag ein großes Pferderennen angekündigt.

Idee:

Könnten uns die bunten Trikots der Jockeys, diese klassischen grafischen Elemente, zu einem ersten Ansatz inspirieren?

Oder: Unsere Heimatstadt beauftragt uns mit einer digitalen Displayinstallation. Ziel ist es, die Bewohner*innen für ein umweltfreundliches und bewusstes Handeln zu sensibilisieren: weniger Plastik verbrauchen, mehr Fahrrad fahren und beim Arbeitsweg auf öffentliche Verkehrsmittel zurückgreifen. Wie ließen sich diese Displays bespielen? Und gibt es Impulse, die dabei helfen können?

Impuls:

In einem Universitätshörsaal hält jemand einen Vortrag.

Idee:

Könnte eine Professorin oder ein Professor die Folgen der Erderwärmung erklären, während das Wasser in der digitalen Displaybox immer weiter ansteigt?

Impuls:

Eine Wahrsagerin auf einem Jahrmarkt schaut in eine Kristallkugel.

Idee:

Könnte eine Art Blick in die Zukunft kreiert werden? Zum Beispiel ein Display, das den Blick direkt dahinter zeigt wie ein Fenster – aber die Stadt verschwindet im Zeitraffer im dichten Smog?

Erst kommt der Impuls, dann die Idee.
Etwas scheint auf den ersten Gedanken überhaupt
nicht zueinanderzupassen, aber auf den zweiten
kann es trotzdem perfekt harmonieren. Auftrag
und Impuls verschmelzen so zu etwas Neuem.

Und was ist, denkt ihr jetzt vielleicht, wenn ein
Impuls euch nicht direkt zum Ziel führt, kalt lässt,
keinen Gedankensprung auslöst? Erste Option:
Direkt weiter zum nächsten Impuls. Oder zweite
Option: Den Impuls um Bedeutungsebenen erweitern, andere Assoziationen finden. Nehmen wir
als Beispiel den bereits gezeigten Impuls »Pferderennen«. Was, wenn wir uns in Gedanken auf eine
Galopprennbahn beamen und alles aufschreiben,
das wir dort sehen, das uns in den Sinn kommt?
Welche Begriffe (Impulse) würden wir in einer Assoziationswolke zusammenfassen? Und was, wenn
jeder dieser Begriffe wie ein Knopf ist, der neue
Fragen startet?

1) Wenn unser Projekt ein Pferd wäre, wie sähe
   es aus? Und wie das der Konkurrenz?

2) Welche Wette könnten wir auf
   unser Projekt abschließen?

3) Wie würden Fans auf der Haupttribüne
   unser Projekt anfeuern?

4) Könnten wir unser Projekt aus Leder herstellen,
   wie einen Pferdesattel?

Klar, manche Fragen ergeben nicht gleich einen Sinn
und die ersten Gedanken erscheinen uns mindestens
abwegig. Dennoch spüren wir vielleicht bereits die
frische Luft? Eine erste Brise? Starre Denkmuster
werden weggeweht, wir lassen uns treiben, immer
mit der Absicht, vom gewohnten Weg abzukommen.
Die besten Ideen liegen weit abseits der ausgetrampelten Pfade. Hier lohnt es sich genauer hinzusehen,
in den eigenen Gedanken zu forschen und auch mal
Kurioses zuzulassen.

Assoziationswolke zum Impuls »Pferderennen«

Anzeigetafel
Startnummer
Wettschein
Zielgerade
Siegerehrung
Fotofinish
Champagner
Pferdezucht
Wettquote
Sattel
Siegertreppchen
Leichtgewicht
Hufeisen

Hautptribüne
Stadionsprecher*innen
Siegerkranz

Pferdeäpfel
Jockey-Trikot
Peitsche
Wetten
Pferdeanhänger
große Hüte

skurrile Pferdenamen

Impulse zu Assoziationswolken aufblasen, das ist die eine Möglichkeit. Eine andere wäre, dasselbe mit deinem Auftrag zu tun. Zum Beispiel mit der bereits erwähnten »Speisekarte«, wollen wir, nun ja, über den Tellerrand schauen.

Betrachten wir daher den Kunden, unser beworbenes Produkt, unser Thema oder unseren Ausgangsgedanken von allen Seiten, aus allen Winkeln und erstellen eine ähnliche »Wolke«, wie wir es bereits mit dem Impuls getan haben. Es kann sehr hilfreich sein, den Auftrag in seine Bestandteile zu zerlegen. So entdecken wir vielleicht Details oder Ansatzpunkte, die wir noch nicht bedacht hatten.

Assoziationswolke zum Auftrag/Projekt »Speisekarte«

Tagesgericht   QR-Code

Inhaltsstoffe   Schiefertafel   verschiedene Gänge

vegetarisch

gebunden

Vorspeise   Preise

Kategorien (Speisen)

Umschlag

Kartenhalterung

Nachtisch

Ledereinband

Getränkekarte

geheftet

Fotos der Speisen   Hauptgang   faltbar

Illustrationen der Speisen   mehrseitig

dünnes/dickes Papier   Aufsteller

Empfehlung des Chefs

Natürlich können wir beide Assoziationswolken auch im nächsten Schritt noch gegenüberstellen und schauen, welches Gedankengewitter uns dann erwartet. Nehmen wir »Speisekarte« und »Pferderennen«. Gibt es hier spannende Kombinationen?

1) Könnte die Optik eines Wettscheins bei der Gestaltung einer Speisekarte eine Rolle spielen? Sind es vielleicht kleine Zettel, die die Gäste ausfüllen, mit nummerierten Fotos der Speisen zum Ankreuzen?

2) Kann die Kartenhalterung für die Speisekarte ein Hufeisen sein?

3) Könnte das aktuelle Tagesgericht über eine Anzeigetafel an der Wand des Restaurants gespielt werden?

4) Könnten die Speisen nach berühmten Pferden benannt werden?

5) Könnten die Speisen von den Kellner*innen zu Beginn, wie bei einer »Präsentationsrunde« bei einem Pferderennen durchs Restaurant getragen werden?

Kombination der Assoziationswolken zum Auftrag/Projekt
»Speisekarte« und des Impulses »Pferderennen«

QR-Code   Vorspeise   Pferdezucht

verschiedene Gänge   Jockey-Trikot   Siegertreppchen

Nachtisch   Schiefertafel   Wettquote   Preis

Getränkekarte   Siegerehrung   Umschlag   Wettschein

Kartenhalterung   mehrseitig   Fotofinish

Aufsteller   Ledereinband

Champagner   Haupttribüne

Anzeigetafel   Sattel

Inhaltsstoffe   Wetten

Peitsche

Kategorien (Speisen)   Pferdeäpfel

Stadionsprecher*innen

Illustrationen der Speisen   Hufeisen   gebunden   große Hütte

skurrile Pferdenamen   Startnummer   Empfehlung des Chefs

faltbar   Zielgerade   Hauptgang   Fotos der Speisen

Leichtgewicht   dünnes/dickes Papier

Pferdeanhänger

Siegerkranz   vegetarisch   geheftet

Tagesgericht

Es gibt noch mehr Möglichkeiten, mit Impulsen zu arbeiten. Keine Wolken, diesmal legen wir die Assoziationen an die Kette, starten eine kleine Gedankenreise. Auch hier gilt: Impulse führen uns manchmal auf Umwege, Abwege oder sogar Irrwege. Doch immer geht es irgendwie weiter.

Nehmen wir diesmal den Impuls »Freibad«. Meine eigene Assoziationskette hat mich vom »Freibad« über Stuck in einer Altbauwohnung, zum goldenen Ring von Herr der Ringe geführt. Am Schluss stehe ich vor dem Impuls »3-teiliges Pfannenset«. Und wie können wir damit arbeiten?

Wir können uns nun etwa fragen:

1) Kann unser Projekt aus drei Teilen bestehen? Zum Beispiel in drei Akten, wie Einleitung, Hauptteil und Schluss?

2) Könnten wir das Projekt beim Teleshopping anbieten? Wie würden wir es dort anpreisen?

3) Hat unser Projekt vielleicht ein kleines Loch, so dass es praktisch an einem Haken an der Wand aufgehängt werden kann?

4) Kann unser Projekt ein Deckel haben, wie bei einer Pfanne? Und wie sähe dieser Deckel aus?

5) Ist das Projekt hitzebeständig?

Und wo landest du, wenn du deine eigene Assoziationskette mit dem Impuls »Freibad« beginnst? Gibt es vielleicht eine Erinnerung, mit der du starten kannst? Und welche Impulse ergeben sich aus deinem Weg?

Assoziationskette zum Impuls »Freibad«

Freibad
▼
Sprungturm
▼
Salto
▼
gelenkig
▼
Gliederpuppe
▼
Holz
▼
Dielenboden
▼
Altbauwohnung
▼
Stuck
▼
Kronleuchter
▼
vergoldet
▼
Ring
▼
Herr der Ringe
▼
Trilogie
▼
3 Teile
▼
3-teiliges Pfannenset

Lange hat mich die Frage beschäftigt, ob ich mich unabhängig von digitaler und schnell verfügbarer Inspiration (z. B. Instagram) machen kann. Ich wollte meinen eigenen Weg finden, eine neue Technik. Ich habe dann versucht, all die herumschwirrenden Impulse da draußen einfangen, sie zu kontrollieren, sie nutzbar zu machen für meine Arbeit. Ich sammele jetzt also nicht nur Ideen, sondern auch Impulse. Suchte sie auf Spazier-gängen, in Ausstellungen, Urlauben, Magazinen oder in Gesprächen. Aus meiner Recherche entstand ein Archiv an Impulsen, die ich inspirierend fand, jeden einzeln, jeden anders. Jetzt musste ich sie nur noch zeichnen und sortieren.

Dieses Archiv steht nun auch dir zur Verfügung. Du hältst es gerade in deinen Händen. Du musst nicht mehr auf diesen einen magischen Moment bei einem Spaziergang in der Mittagspause hoffen. Wenn du willst, hast du jetzt immer einen Assoziations-Assistenten an deiner Seite. 1116 Impulse, die dir dabei helfen, deine Ideen zu boosten. Ob du vorne oder hinten anfängst zu blättern, die Impulse untereinander kombinierst, für Workshops nutzt oder mit diesen deine eigene Geschichte schreibst, bleibt ganz alleine dir überlassen. Schlage dieses Buch auf, wenn die nächste Kreativblockade droht und fordere dich selbst heraus.

Auch ohne ein Fenster zu öffnen, gibt es nun »Frische Luft« für deinen Kopf.

1116 Impulse

0001 **Miniatur**

0002 **schwerelos**

0003 **Merchandise**

0004 **dreht sich**

0005 **Aussicht**

0006 **schlechte Qualität**

0007 **Multiple Choice**

0008 **zensiert**

0009 **Kontur**

0010 **Fußballer-Interview**

0011 **hängt schief**

0012 **kalt und heiß**

0013 **sich bräunen**

0014 **roh**

0015 **auserwählt**

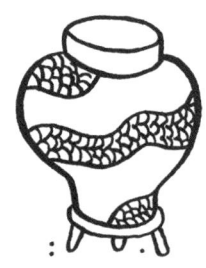

0016 **alte Vase**

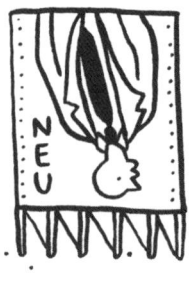

0017 **Werbeplane**

0018 **trocknen**

0019 **aggressiv**

0020 **frischer Zement**

0021 **Snack-Automat**

0022 **Schimmel auf Joghurt**

0023 **Green Screen**

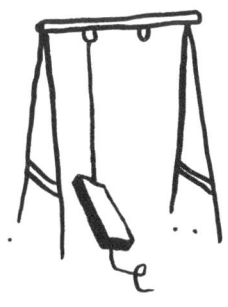

0024 **kaputt**

0025 **Zebrastreifen**

0026 **Höhlenmalerei**

0027 **Abdruck machen**

0028 **orientierungslos**

0029 **Wappen**

0030 **gebogen**

0031 **schaumig**

0032 **Einsamkeit**

0033 **kein Durchgang**

0034 **Pelze**

0035 **synchron**

0036 **Kletterpflanze**

0037 **Falschparker**

0038 **im Hotel**

0039 **im Verborgenen**

0040 **Sattel**

0041 **nach Größe sortiert**

0042 **verwischt**

0043 **Bleigießen**

0044 **Mittelaltermarkt**

0045 **Stand-up**

0046 **im Fernsehstudio**

0047 **balancieren**

0048 **perfekt ausgerüstet**

0049 **sammeln**

0050 **zu klein**

0051 **Airbag**

0052 **schief**

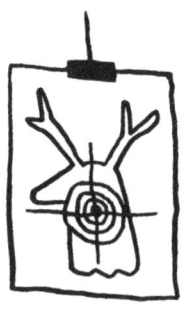

0053 **zielen**

0054 **Rubbellos**

0055 **auf- und zudrehbar**

0056 **wiegen**

0057 **Phoenix aus der Asche**

0058 **Ernährungspyramide**

0059 **aufrollen**

0060 **Sicherheitshinweis**

0061 **Flugblätter**

0062 **Blechschaden**

0063 **Duftbaum**

0064 **sich schützen**

0065 **alles auf Rot**

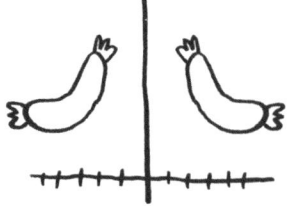

0066 **achsensymmetrisch**

0067 **sich häuten**

0068 **LED-Grablicht**

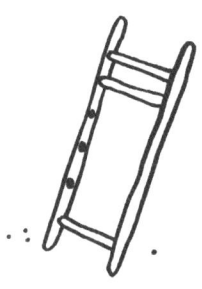

0069 **unbrauchbar**

0070 **automatisch**

0071 **zusammensteckbar**

0072 **Erinnerung**

0073 **handbemalt**

0074 **Missgeschick**

0075 **verpackter Fisch**

0076 **reduziert**

0077 **Schilder**

0078 **Batik**

0079 **Brotrinde**

0080 **Maskottchen**

0081 **links blinken**

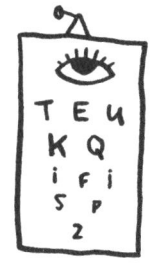

0082 **Sehtest**

0083 **Attrappe**

0084 **waschen und schleudern**

0085 **ungleiches Paar**

0086 **Streich**

0087 **ein Tag offline**

0088 **Dauerlauf**

0089 **Namensschild**

0090 **übertrieben**

0091 **dirigieren**

0092 **Finderlohn**

0093 **wackelt**

0094 **Service**

0095 **floaten**

0096 **Filmklassiker**

0097 **eingeklemmt**

0098 **Farbwechsel**

0099 **Fata Morgana**

0100 **Patchwork**

0101 **Dosenwerfen**

0102 **Window Color**

0103 **undicht**

0104 **Bild in Bild**

0105 **Lichtshow**

0106 **Symbol**

0107 **projizieren**

0108 **Katzenklappe**

0109 **ausstellen**

0110 **Schweiß**

0111 **Schatten**

0112 **Förderband**

0113 **Haarersatz**

0114 **pausieren**

0115 **windig**

0116 **SOS**

0117 **Tarot-Karten**

0118 **Steigung**

0119 **mischen**

0120 **eingeschränkt**

0121 **fettig**

0122 **Tuning**

0123 **Miss Wahl**

0124 **Körperpflege**

0125 **Hologramm**

0126 **Fell**

0127 **Starschnitt**

0128 **Nackenrolle**

0129 **schmal und breit**

0130 **untersuchen**

0131 **Hieroglyphen**

0132 **unsichtbar**

0133 **Verpackung**

0134 **GIF Animation**

0135 **Sponsor auf Trikot**

0136 **erpressen**

0137 **Vorrat an Tomaten**

0138 **Zukunftsvision**

0139 **Vogelperspektive**

0140 **Schamhaar**

0141 **Hauptgewinn**

0142 **Doppeldecker**

0143 **traditionelle Geisha**

0144 **Buntstifte in allen Farben**

0145 **Stadtviertel**

0146 **gebrochen**

0147 **Nicht berühren!**

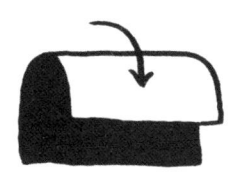

0148 **umdrehen**

0149 **Inhaltsstoffe**

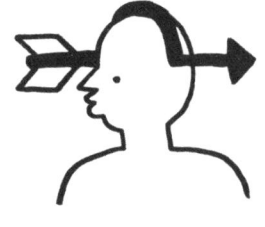

0150 **Trick**

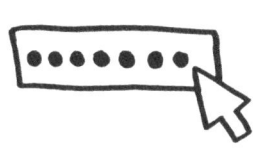

0151 **Login**

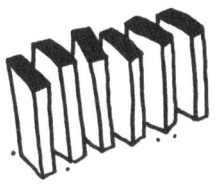

0152 **Domino**

0153 **Finger-Food**

0154 **Disneyland**

0155 **vermenschlichen**

0156 **flüssig**

0157 **Plastik**

0158 **Umzug**

0159 **transparent**

0160 **eingeklemmt**

0161 **Zeitung von 1967**

0162 **plakatieren**

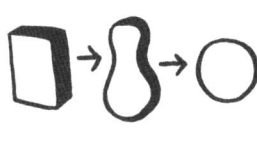

0163 **transformieren**

0164 **3D-Drucker**

0165 **extra groß**

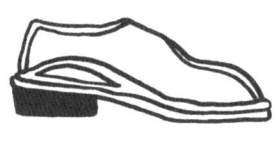

0166 **Querschnitt**

0167 **Patina auf Figur**

0168 **Tennistasche**

0169 **tätowiert**

0170 **Sportunterricht**

0171 **ausgestopft**

0172 **Banknote**

0173 **Sex on the Beach**

0174 **Hecke schneiden**

0175 **Hamsterrad**

0176 **unter Wasser**

0177 **extrem schwer**

0178 **Code**

0179 **es tropft**

0180 **Sicherheitskontrolle**

0181 **Gesichtsbemalung**

0182 **Refrain**

0183 **Bingoabend**

0184 **Spam**

0185 **kneten**

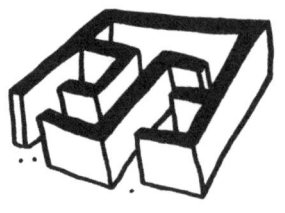

0186 **Labyrinth**

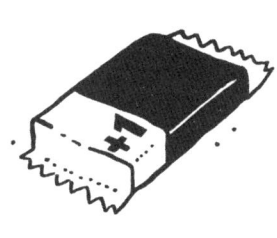

0187 **Bonus**

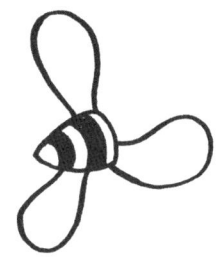

0188 **Antrieb**

0189 **Spielzeug**

0190 **verchromt**

0191 **überladen**

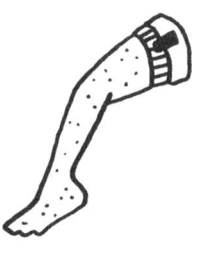

0192 **Nylon**

0193 **Trauer**

0194 **lackieren**

0195 **leicht**

0196 **Social Media**

0197 **Konstruktion**

0198 **Qualle**

0199 **analoger S/W-Film**

0200 **magnetisch**

0201 **Umhang**

0202 **Prothese**

0203 **klebrig**

0204 **Grimasse**

0205 **schuldig**

0206 **Schneebälle**

0207 **Wimbledon**

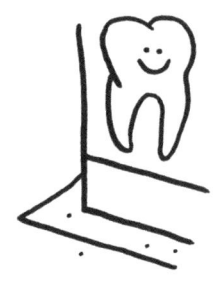

0208 **Klebefolie auf Fenster**

0209 **elektrisiert**

0210 **Ballettfüße**

0211 **haltbar**

0212 **wellig**

0213 **Saga**

0214 **tragfähig**

0215 **Chaos**

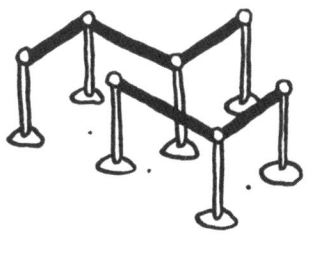

0216 **warten**

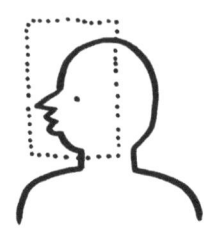

0217 **Gesichtserkennung**

0218 **zusammengepresst**

0219 **gerissen**

0220 **spiegeln**

0221 **scharf**

0222 **Abzweigung**

0223 **hell**

0224 **einfrieren**

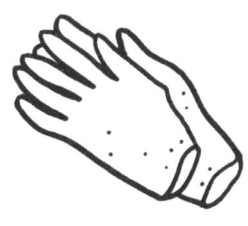

0225 **Pantomime**

0226 **Herbstlaub**

0227 **Kreislauf**

0228 **Vorsicht Rutschgefahr!**

0229 **Erweiterung**

0230 **Plexiglas**

0231 **aufwendig**

0232 **wasserfestes Zelt**

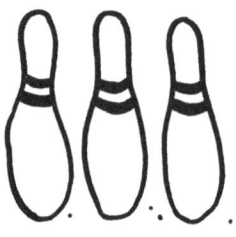

0233 **Kegel**

0234 **weichzeichnen**

0235 **extra cremig**

0236 **Maske**

0237 **Kettenreaktion**

0238 **Linolschnitt**

0239 **Torjubel**

0240 **Zieleinlauf**

0241 **Sektpyramide**

0242 **feiner Sand**

0243 **abgeschlossen**

0244 **Uniform**

0245 **Spender**

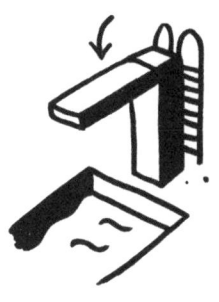

0246 **flexibel**

0247 **zerstören**

0248 **luxuriös**

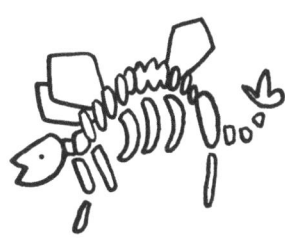

0249 **unvollständig**

0250 **Akt zeichnen**

0251 **Glas**

0252 **brechen**

0253 **schleimig**

0254 **Kunststück**

0255 **beschatten**

0256 **Schachturnier**

0257 **neu interpretiert**

0258 **teuer**

0259 **Spende**

0260 **altmodisch**

0261 **basteln**

0262 **interaktiv**

0263 **Horrorhaus**

0264 **markiert**

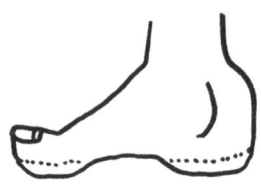

0265 **Hornhaut**

0266 **in Japan**

0267 **Urlaub**

0268 **Bärchenwurst**

0269 **Brandstempel**

0270 **Laufsteg**

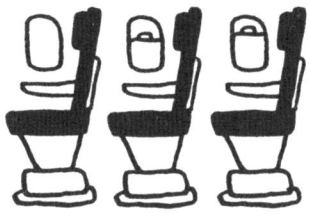

0271 **unbequem**

0272 **Taucherbrille**

0273 **Service**

0274 **Ruß**

0275 **Vorratspackung**

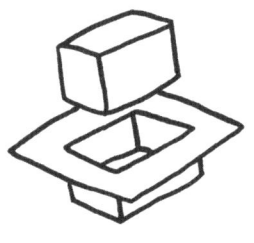

0276 **Negativform**

0277 **Sand im Badeanzug**

0278 **Nachttisch**

0279 **Wendejacke**

0280 **Abgas**

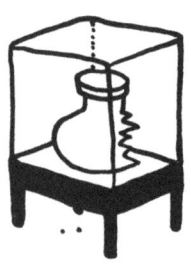

0281 **Ausstellungsstück**

0282 **glatt**

0283 **jodeln**

0284 **Waffeleisen**

0285 **Matrjoschka**

0286 **sich im Kreis drehen**

0287 **Windfächer**

0288 **cutten**

0289 **Stadionatmosphäre**

0290 **zusammenschiebbar**

0291 **Geschicklichkeit**

0292 **anfeuern**

0293 **Stunt**

0294 **Gegenteil**

0295 **3D-Brille**

0296 **Lederjacke**

0297 **Porträt**

0298 **auswendig lernen**

0299 **Privatsphäre**

0300 **falsch herum**

0301 **in Bronze gießen**

0302 **ausziehbar**

0303 **Girlande**

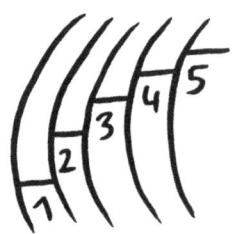

0304 **Laufbahn**

0305 **Glücksrad**

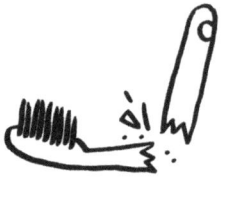

0306 **zerbrochen**

0307 **Film**

0308 **Sitzplan**

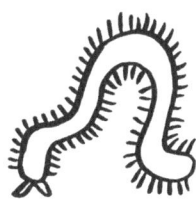
0309 **Tausendfüßer**

0310 **Rasterpunkte**

0311 **Fotoautomat**

0312 **mixen**

0313 **Regenponcho**

0314 **Boxenstop**

0315 **Buddelschiff**

0316 **Neonlicht**

0317 **Umweg**

0318 **Security**

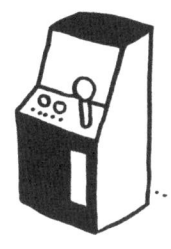

0319 **Spielhalle**

0320 **maßschneidern**

0321 **Wettbewerb**

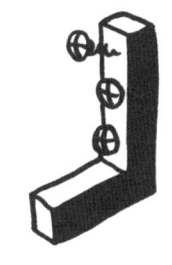

0322 **festgeschraubt**

0323 **Kiosk**

0324 **Tenniscourt-Abzieher**

0325 **goldene Himbeere**

0326 **Sternzeichen**

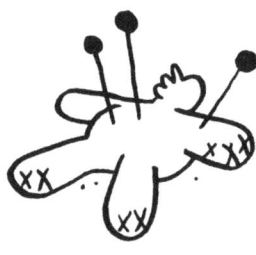

0327 **Voodoo**

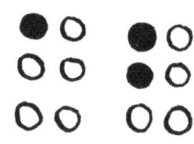

0328 **Blindenschrift**

0329 **Bolognese auf T-Shirt**

0330 **Rien ne va plus**

0331 **verformt**

0332 **Heft im Heft**

0333 **wackeliger Tisch**

0334 **Ausweis**

0335 **batteriebetrieben**

0336 **Vergangenheit**

0337 **Handyhülle**

0338 **Straßenmusiker**

0339 **Einrichtungshaus**

0340 **surreal**

0341 **Gymnastikball**

0342 **Evolution**

0343 **Gummiband**

0344 **Speisekarte mit Bildern**

0345 **verschieben**

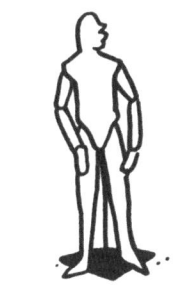

0346 **Schaufensterpuppe**

0347 **gemischte Tüte**

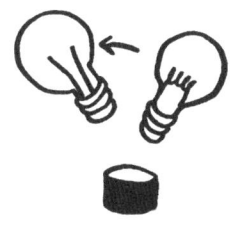

0348 **austauschen**

0349 **Schuhputzer**

0350 **Camping**

0351 **in der Schreinerei**

0352 **japanischer Garten**

0353 **Kuscheltier**

0354 **Probe sitzen**

0355 **Duschvorhang**

0356 **Hocker**

0357 **optische Täuschung**

0358 **Lügendetektortest**

0359 **Landschaftsmalerei**

0360 **drehbar**

0361 **Lochblech**

0362 **Zeitstrudel**

0363 **Archiv**

0364 **in Baumrinde geschnitzt**

0365 **Tagebuch**

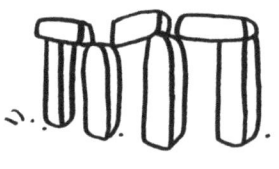

0366 **Stonehenge**

0367 **Plastikvampirzähne**

0368 **Kinderbuch**

0369 **Skulpturenpark**

0370 **Straßenmarkierung**

0371 **Saugnapf**

0372 **Sofa in Plastikfolie**

0373 **Narbe**

0374 **kneifen**

0375 **Abdeckplane**

0376 **Quittung**

0377 **frisch gebacken**

0378 **Segway**

0379 **wiederholen**

0380 **Abenteuer**

0381 **Schale mit Glückskeksen**

0382 **Baumrinde**

0383 **ausdrücken**

0384 **Schultüte**

0385 **Etagentorte**

0386 **Kind malt auf Gehsteig**

0387 **Datei speichern**

0388 **Türspion**

0389 **vertrocknet**

0390 **neue Größenverhältnisse**

0391 **einweisen**

0392 **Piercing**

0393 **giftig**

0394 **schälen**

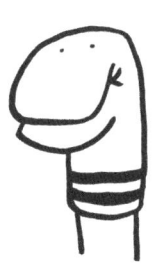

0395 **Handpuppe**

0396 **Floß**

0397 **Linksverkehr**

0398 **Weihnachtsdeko**

0399 **defekte Anzeigetafel**

0400 **Schlange im Korb**

0401 **hinterm Wasserglas**

0402 **angeln**

0403 **Toast Hawaii**

0404 **Western**

0405 **verknotet**

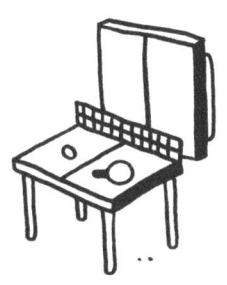

0406 **für einen Spieler**

0407 **töpfern**

0408 **geschwungen**

0409 **Gelenk**

0410 **Tandem**

0411 **Meeresrauschen**

0412 **filtern**

0413 **Tutorial**

0414 **Dinner for One**

0415 **Kopfschmuck**

0416 **kostenloser Ketchup**

0417 **vergleichen**

0418 **Schutzschild**

0419 **Einzelteile**

0420 **Perspektivwechsel**

0421 **Geist**

0422 **Doppelwaschbecken**

0423 **Vortrag**

0424 **Vogelformation**

0425 **vakuumieren**

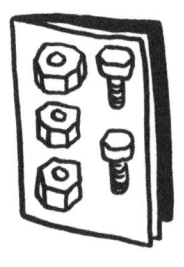

0426 **Anleitung**

0427 **Architektur**

0428 **Torso**

0429 **Augmented Reality**

0430 **Aktenvernichter**

0431 **verzerren**

0432 **Flucht**

0433 **unbrauchbar**

0434 **alter Comic**

0435 **Frühstück**

0436 **Falten**

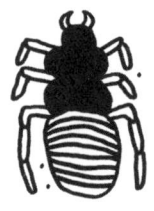

0437 **Insekt**

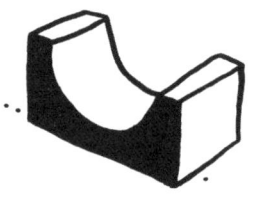

0438 **Halfpipe**

0439 **Grenze**

0440 **zerkratzen**

0441 **voneinander trennen**

0442 **Korsett**

0443 **träumen**

0444 **übers Wasser gehen**

0445 **schwenkbar**

0446 **Videoinstallation**

0447 **hochwertig**

0448 **Menschenmasse**

0449 **Explosion**

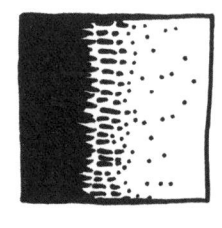

0450 **Verlauf**

0451 **alter Weihnachtsbaum**

0452 **dreiköpfig**

0453 **Fotoshooting**

0454 **Nudelsieb**

0455 **Kunstrasen**

0456 **untergehen**

0457 **Bildhauerei**

0458 **Fabelwesen**

0459 **Pressekonferenz**

0460 **Parfümprobe**

0461 **Bauchredner**

0462 **Aufnäher**

0463 **Kuchenform**

0464 **verschiedene Varianten**

0465 **Lichterkette**

0466 **eingravieren**

0467 **restaurieren**

0468 **solarbetrieben**

0469 **Duo**

0470 **süß**

0471 **überfluten**

0472 **verpacken**

0473 **Werbespot**

0474 **Harfe**

0475 **ausstanzen**

0476 **Porträtbilder**

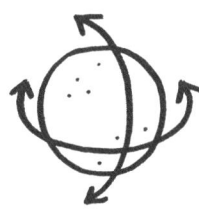

0477 **360° drehbar**

0478 **Regular und Italic**

0479 **handgemacht**

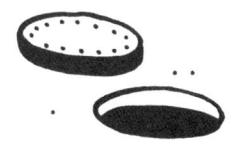

0480 **Untergrund**

0481 **Koi**

0482 **tief**

0483 **verkleiden**

0484 **schummeln**

0485 **Safari**

0486 **Organe**

0487 **selbstgebaute Waffe**

0488 **Silber**

0489 **reinigen**

0490 **Bundesstaat**

0491 **Stachel entfernen**

0492 **hier schneiden**

0493 **Einkaufswagen**

0494 **schaukeln**

0495 **Bademeister*in**

0496 **Tusche und Feder**

0497 **zusammenpressen**

0498 **Öl**

0499 **Arrangement**

0500 **Laterne**

0501 **vergrößern**

0502 **parallel**

0503 **Klapphandy**

0504 **Kirchenfenster**

0505 **Standort**

0506 **Farbspektrum**

0507 **drucken**

0508 **impressionistisch**

0509 **schlechte Bewertung**

0510 **ländlich**

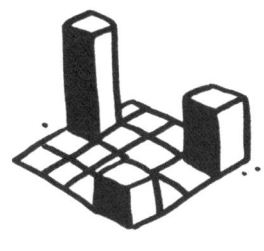

0511 **Isometrie**

0512 **Ladebalken**

0513 **ablösen**

0514 **stapelbar**

0515 **Wackelpudding**

0516 **Feuerwehrstange**

0517 **Kassierer*in**

0518 **alter Cadillac**

0519 **Schmuck**

0520 **Countdown**

0521 **verpacktes Gemälde**

0522 **Controller**

0523 **meditieren**

0524 **hochgekrempelt**

0525 **anonym**

0526 **Denkmal**

0527 **Laubbläser**

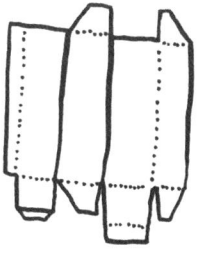

0528 **Faltmuster**

0529 **Tour de France**

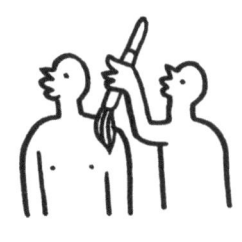

0530 **Bodypainting**

0531 **kürzer**

0532 **Blaulicht**

0533 **Shop**

0534 **mehrmals falten**

0535 **Aufzug**

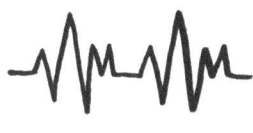

0536 **rhythmisch**

0537 **verbinden**

0538 **Reibe**

0539 **Airbrush**

0540 **Podest**

0541 **Stand-Up-Comedy**

0542 **Tintenfleck**

0543 **Lippenstift am Glas**

0544 **Rezeption**

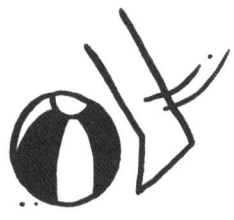

0545 **spielen**

0546 **Papier**

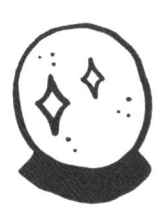

0547 **Wahrsager*in**

0548 **geteert und gefedert**

0549 **Wachsfigurenkabinett**

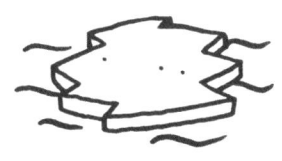

0550 **Nordpol**

0551 **Vorgarten**

0552 **Drachen**

0553 **Teleshopping**

0554 **sauber**

0555 **gestreckt und gestaucht**

0556 **Falle**

0557 **Stahlträger**

0558 **verpixeln**

0559 **Kronleuchter**

0560 **Schlammbad**

0561 **Gospelchor**

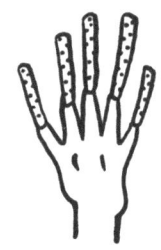

0562 **lange Fingernägel**

0563 **Untertitel**

0564 **Hochglanzmagazin**

0565 **Fast-Food-Menü**

0566 **zersägen**

0567 **Kreislineal**

0568 **provozieren**

0569 **Ruhe im Saal**

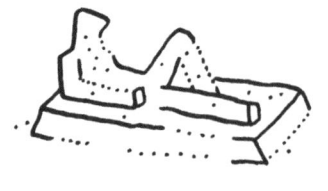

0570 **Sandskulptur**

0571 **übermalen**

0572 **Butler**

0573 **Grundformen**

0574 **bügeln**

0575 **auf dem Thron**

0576 **Kartenhaus**

0577 **Schiedsrichter*in**

0578 **Nicht betreten!**

0579 **Fischskelett**

0580 **Therapie**

0581 **Perspektive**

0582 **unfair**

0583 **Paparazzo**

0584 **Knoten**

0585 **Planetensystem-Modell**

0586 **Kernseife**

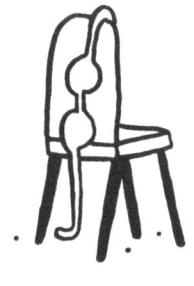

0587 **Unterwäsche**

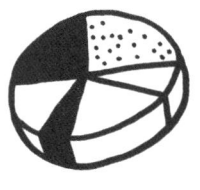

0588 **Infografik**

0589 **Wasserpistole**

0590 **Demonstration**

0591 **Dia**

0592 **Luft anhalten**

0593 **Kuheuter**

0594 **Wanderweg**

0595 **ordentlich**

0596 **Bühnenbild**

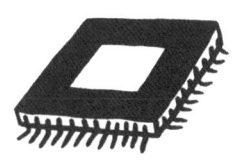

0597 **Chip**

0598 **Kork**

0599 **zerreißen**

0600 **hoch**

0601 **Blumenkette** 0602 **Casting**

0603 **Stadtführung** 0604 **Fanschal**

0605 **Kartoffeln pellen** 0606 **Diät**

0607 **Puder**

0608 **Gesicht an Scheibe drücken**

0609 **Virtual Reality**

0610 **langsam**

0611 **posieren**

0612 **vermieten**

0613 **Torwand**

0614 **Weltkarte**

0615 **Piñata**

0616 **frittieren**

0617 **Kamerafahrt**

0618 **Nummernschild**

0619 **Versuchskaninchen**

0620 **Pappmodell**

0621 **Detail**

0622 **unendlich**

0623 **verschluckt**

0624 **Characters**

0625 **Bewerbung**

0626 **Hindernislauf**

0627 **Allergie**

0628 **Pizza Vier-Jahreszeiten**

0629 **Kacheln**

0630 **suhlen**

0631 **Ägypten**

0632 **Wühltisch**

0633 **Mikado**

0634 **Pumpe**

0635 **Spanngurt**

0636 **mariniert**

0637 **Extensions**

0638 **Gehhilfe**

0639 **Fensterplatz**

0640 **Jurassic Park**

0641 **dunkler Raum**

0642 **Bullseye**

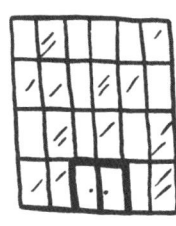

0643 **Glasfront**

0644 **Restaurant**

0645 **halbieren**

0646 **bedruckte Torte**

0647 **Daumenkino**

0648 **Urwald**

0649 **Marsstation**

0650 **einklappbar**

0651 **walzen**

0652 **Beweise**

0653 **Schutzfaktor**

0654 **Adrenalin**

0655 **Kreuzfahrt**

0656 **Pfand**

0657 **Leopardenmuster**

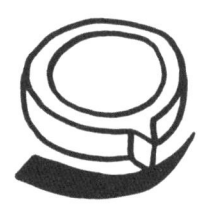

0658 **Lautstärkeregler**

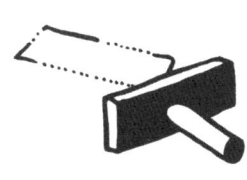

0659 **stempeln**

0660 **fiktive Geschichte**

0661 **Rückspiegel**

0662 **hohe Wellen**

0663 **zweidimensional**

0664 **dreidimensional**

0665 **Trödel**

0666 **Schönheitsmaske**

0667 **entfernen**

0668 **schnell**

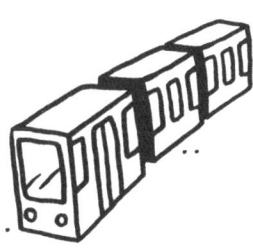

0669 **U-Bahn**

0670 **Karnevalswagen**

0671 **Scharnier**

0672 **Portal**

0673 **Sci-Fi-Brille**

0674 **Ölfarbe**

0675 **Froschperspektive**

0676 **Reizüberflutung**

0677 **Nudel**

0678 **Überraschungsparty**

0679 **präzise**

0680 **geschockt**

0681 **Tetris**

0682 **ein Jahr lang**

0683 **Erfindung**

0684 **Dehnübung**

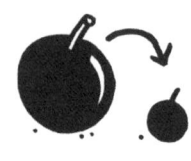

0685 **verkleinern**

0686 **Schneeengel**

0687 **Geheimversteck**

0688 **Tapetenreste**

0689 **Sonnenbrand**

0690 **quietscht**

0691 **Ausstechform**

0692 **Motor**

0693 **Auswahl**

0694 **Arztpraxis**

0695 **dreckig**

0696 **schmieden**

0697 **Waldgeruch**

0698 **Tentakel**

0699 **nackt**

0700 **aufgespießt**

0701 **Schnuller**

0702 **Tretboot**

0703 **Mitarbeiter*in des Monats**

0704 **Schwerkraft**

0705 **laut**

0706 **Chefkoch/Chefköchin**

0707 **Schaukelstuhl**

0708 **Kerzenwachs**

0709 **letzte Gurke im Glas**

0710 **Schiffstaufe**

0711 **perlt ab**

0712 **Tonkrug**

0713 **Chatroom**

0714 **Jalousien**

0715 **Autoscooter**

0716 **Gänsehaut**

0717 **aufblasen**

0718 **Nachtsichtgerät**

0719 **Frischhaltefolie**

0720 **gedreht**

0721 **auswringen**

0722 **Bräunungscreme**

0723 **verstecken**

0724 **Halskrause**

0725 **ausgraben**

0726 **Nikolauspullover**

0727 **untersuchen**

0728 **Holzspielzeug**

0729 **Nachrichten**

0730 **Plexiglas-Sarg**

0731 **überhitzt**

0732 **getrocknete Rose**

0733 **aufgeweicht**

0734 **Konzert**

0735 **einsturzgefährdet**

0736 **Fingerfarbe**

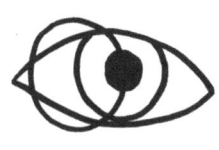

0737 **Kontaktlinse**

0738 **Militärparade**

0739 **Styropor**

0740 **Kunstledergürtel**

0741 **dehnbar**

0742 **Ruine**

0743 **beten**

0744 **Installation**

0745 **Lieferservice**

0746 **Quizshow**

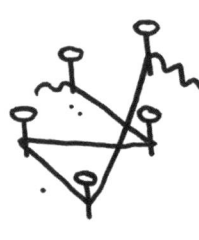

0747 **Faden spannen**

0748 **Schaumparty**

0749 **Stillleben**

0750 **stapeln**

0751 **Spiegelkabinett**

0752 **hügelig**

0753 **Luftpolsterfolie**

0754 **Schiffscontainer**

0755 **Auktion**

0756 **rasieren**

0757 **Dosentelefon**

0758 **Autogramm**

0759 **weißes Porzellan**

0760 **Farbpalette**

0761 **Pferderennen**

0762 **abgelenkt**

0763 **knickbar**

0764 **Wippe**

0765 **Sound**

0766 **Wurzeln**

0767 **Urlaubskarte**

0768 **Helmkamera**

0769 **Fetisch**

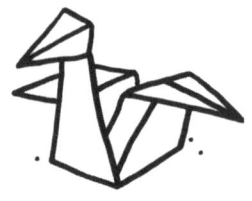

0770 **Origami**

0771 **Knete**

0772 **Rolltreppe**

0773 **Animateur**

0774 **Muster**

0775 **nachhaltig**

0776 **falscher Bart**

0777 **Jazzband**

0778 **verbuddelt**

0779 **Lochkarte**

0780 **ziehen**

0781 **altern**

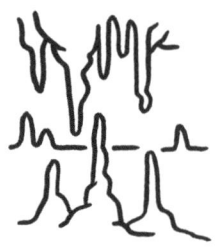

0782 **Tropfsteinhöhle**

0783 **Glückskeks**

0784 **Special Edition**

0785 **Hund in Handtasche**

0786 **Polterabend**

0787 **Standing Ovation**

0788 **QR-Code**

0789 **Straßenfest**

0790 **Logo**

0791 **Nicht bewegen!**

0792 **Lastenrad**

0793 **Schattenwand**

0794 **Vegas**

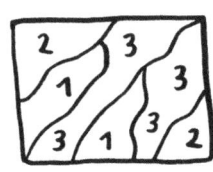

0795 **malen nach Zahlen**

0796 **Limbo**

0797 **durchpressen**

0798 **in Gefangenschaft**

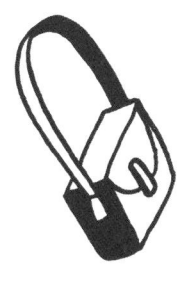

0799 **umhängbar**

0800 **Zeitlupe**

0801 **Waschzettel**

0802 **Drive-Thru**

0803 **Orientierungssystem**

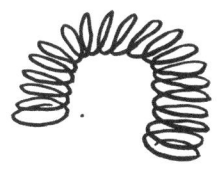

0804 **Feder**

0805 **Fliegenfänger**

0806 **Platzwart*in**

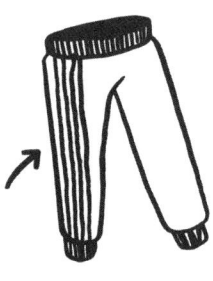

0807 **gefälschte Ware**

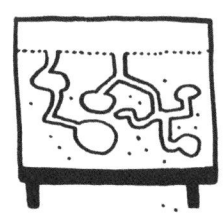

0808 **unterirdisch**

0809 **Handstaubsauger**

0810 **abbrechen**

0811 **Kugelspiegel**

0812 **Berggipfel**

0813 **Transformer**

0814 **italienisches Design**

0815 **Papierflieger**

0816 **Abkürzung**

0817 **kugelsicher**

0818 **Graffiti**

0819 **Barock**

0820 **dreibeiniger Hund**

0821 **würzig**

0822 **Leichenhalle**

0823 **roter Teppich**

0824 **Zick Zack**

0825 **kurz vor dem Knall**

0826 **fliegender Fisch**

0827 **Eierschneider**

0828 **Tunnel**

0829 **Computerstimme**

0830 **Poesie**

0831 **Baustelle**

0832 **Simulator**

0833 **leer**

0834 **Podiumsdiskussion**

0835 **aufblasbar**

0836 **schwebende Person**

0837 **kleines Budget**

0838 **exklusiv**

0839 **Spritztüte**

0840 **Finishing Photo**

0841 **Club-Mitgliedschaft**

0842 **hart**

0843 **weben**

0844 **Engel**

0845 **Erdbeben**

0846 **polieren**

0847 **Posterdesign**

0848 **Gutschein**

0849 **konzentriert**

0850 **geometrisch**

0851 **Ritual**

0852 **Werbegeschenk**

0853 **Collage**

0854 **von der Sonne ausgeblichen**

0855 **Flummi**

0856 **Kopflampe**

0857 **Flyer**

0858 **Hacker*in**

0859 **Bildausschnitt**

0860 **Karussell**

0861 **gesellig**

0862 **radieren**

0863 **Brause auf der Zunge**

0864 **Schalter**

0865 **Kreide**

0866 **Basar**

0867 **tanzen**

0868 **Doppelgitarre**

0869 **Panorama**

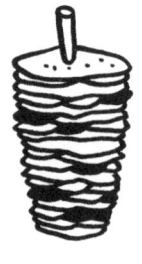

0870 **Döner**

0871 **Imkeranzug**

0872 **Rotlichtlampe**

0873 **defekt**

0874 **Profilansicht**

0875 **App**

0876 **überlappen**

0877 **Gladiatoren**

0878 **Einstelloptionen**

0879 **überfüllter Strand**

0880 **Schokohase**

0881 **lang**

0882 **geschwärzt**

0883 **Esspapier**

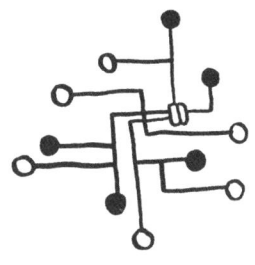

0884 **U-Bahn-Plan**

0885 **Kinderzeichnung**

0886 **rostig**

0887 **Windspiel**

0888 **Jukebox**

0889 **Auswahl freistellen**

0890 **Straßenmusiker*in**

0891 **austricksen**

0892 **Spitzentischdecke**

0893 **Silikonimplantat**

0894 **Statistik**

0895 **Hundeschlitten**

0896 **Haut**

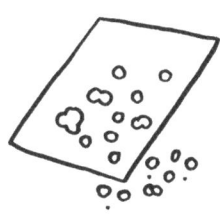

0897 **gelocht**

0898 **Tag der Toten**

0899 **beweglich**

0900 **Zirkel**

0901 **Tatort**

0902 **Schichten**

0903 **Karikatur**

0904 **mit Käse überbacken**

0905 **Schutzkragen**

0906 **Siebdruck**

0907 **Late Night Show**

0908 **Bewegungsunschärfe**

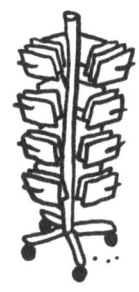

0909 **Gift Shop**

0910 **Helium**

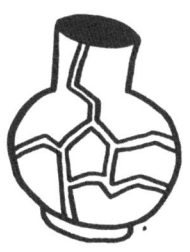

0911 **geklebte Vase**

0912 **Pralinenschachtel**

0913 **weich**

0914 **Hotdog-Stand**

0915 **Menschenpyramide**

0916 **Hörnchen**

0917 **Wasserfall**

0918 **Olympiamedaille**

0919 **Klettergerüst**

0920 **Gebiss**

0921 **Play-Button**

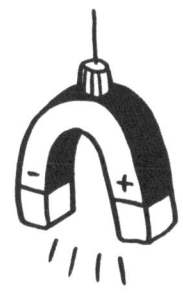

0922 **magnetisch**

0923 **Multitasking**

0924 **Blut**

0925 **Augenklappe**

0926 **Kiwi mit Sticker**

0927 **schmelzen**

0928 **Morgenroutine**

0929 **schlagen**

0930 **stricken**

0931 **Rudermannschaft**

0932 **Karaoke**

0933 **Sixtinische Kapelle**

0934 **ausgeglichen**

0935 **zerknittert**

0936 **mehrstöckig**

0937 **Lichtbrechung**

0938 **Generationen**

0939 **Mensa**

0940 **minimalistisch**

0941 **Ahnengalerie**

0942 **befehlen**

0943 **Info-Center**

0944 **Beule**

0945 **Astronomie**

0946 **kaputte Leuchtreklame**

0947 **CD**

0948 **Freiheit**

0949 **Schlafwandeln**

0950 **Wandteppich**

0951 **gefüllter Truthahn**

0952 **Kühlerfigur**

0953 **Kapitänsbinde**

0954 **Sauna**

0955 **Achterbahn**

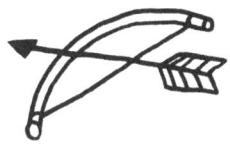

0956 **Pfeil und Bogen**

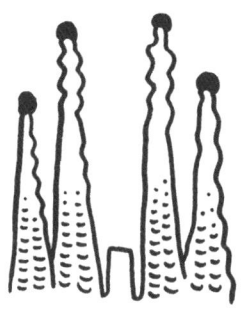

0957 **Barcelona**

0958 **dunkle Gasse**

0959 **Oval Office**

0960 **Aufkleber**

0961 **menschliches Büffet**

0962 **Entfernung**

0963 **Eiswagenmelodie**

0964 **Bauchladen**

0965 **Kindergeburtstag**

0966 **Straßenverkehr**

0967 **imaginär**

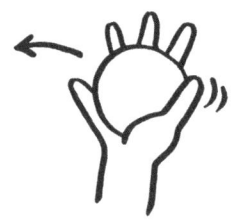
0968 **werfen**

0969 **Schablone**

0970 **liegt auf dem Rücken**

0971 **Werkzeugkiste**

0972 **Privatjet**

0973 **auf einem Konzert**

0974 **Telefonzelle**

0975 **chaotisch**

0976 **Trend**

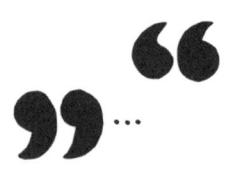

0977 **Zitat**

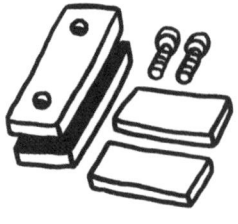

0978 **selbst zusammenbauen**

0979 **scannen**

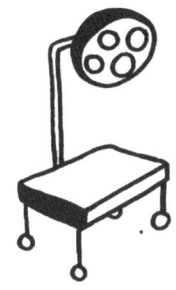

0980 **operieren**

0981 **amerikanischer Traum**

0982 **Archäologie**

0983 **individuell**

0984 **üben**

0985 **Reflexion**

0986 **isoliert**

0987 **Rätsel**

0988 **in einer Blase**

0989 **rückwärts laufen**

0990 **Schrottplatz**

0991 **Schauspiel**

0992 **Mosaik**

0993 **Actionfigur**

0994 **Überwachung**

0995 **Chemie**

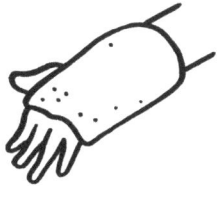

0996 **Gips**

0997 **Glitzerpulver**

0998 **Ritterrüstung**

0999 **Stop Motion**

1000 **Tribal**

1001 **Geisterbahn**

1002 **Iglu**

1003 **international**

1004 **Selfie**

1005 **Zahnrad**

1006 **Kreise im Kornfeld**

1007 **Marmor**

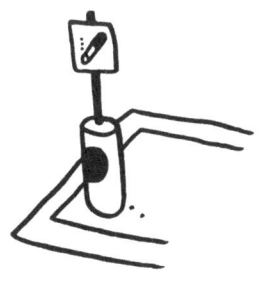

1008 **Wartebereich**

1009 **Eintrittskarte**

1010 **Fake**

1011 **Krokodilleder**

1012 **Manga**

1013 **Rausch**

1014 **Diebstahl**

1015 **Rohr**

1016 **bunte Hände**

1017 **Fehler**

1018 **Slot Machine**

1019 **hier öffnen**

1020 **Piraten**

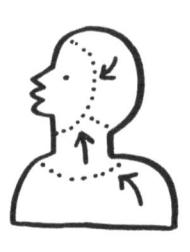

1021 **Schönheitschirurg*in**

1022 **Bewegungsmelder**

1023 **Rettungsaktion**

1024 **zurückspulen**

1025 **Cornflakes**

1026 **drücken**

1027 **turnen**

1028 **Mutant**

1029 **unmöglich**

1030 **in der U-Bahn**

1031 **Fledermaus**

1032 **Schwimmflügel**

1033 **Bahnen ziehen**

1034 **Modellbau**

1035 **Doppelgänger*in**

1036 **übergewichtig**

1037 **eingelaufen**

1038 **Delikatessen**

1039 **Sohle**

1040 **Kordel**

1041 **im Scheinwerferlicht**

1042 **Michelin-Star**

1043 **Trainer*in**

1044 **Liste**

1045 **Gruppenfoto**

1046 **Drohne**

1047 **Ballonfigur**

1048 **Teamwork**

1049 **beichten**

1050 **Blattgold**

1051 **Polaroid**

1052 **Stuck**

1053 **Drahtgerüst**

1054 **rollen**

1055 **Schweizer Uhrwerk**

1056 **unbeweglich**

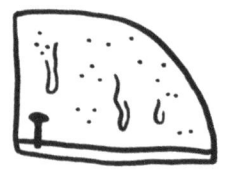

1057 **beschlagende Scheibe**

1058 **Abfluss**

1059 **geschnitzter Kürbis**

1060 **Weltraum-Fantasy**

1061 **Stromausfall**

1062 **Albumcover**

1063 **Waschsalon**

1064 **boxen**

1065 **Regeln**

1066 **Geschenkpapier**

1067 **Spachteltechnik**

1068 **Turiner Grabtuch**

1069 **Spagat**

1070 **Briefmarke**

1071 **mysteriös**

1072 **Fabrik**

1073 **am Abgrund**

1074 **Form durchdrücken**

1075 **Streichholzschachtel**

1076 **Pappaufsteller**

1077 **kitschig**

1078 **Bissspur**

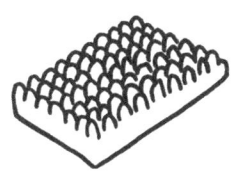

1079 **Schaumstoff**

1080 **LED**

1081 **Tornado**

1082 **Spuren im Schlamm**

1083 **abstrakt**

1084 **Anhalter*in**

1085 **verstaubt**

1086 **Mythologie**

1087 **Mode**

1088 **jagen gehen**

1089 **Scherenschnitt**

1090 **hauchdünn**

1091 **tarnen**

1092 **raten**

1093 **Maisfeld**

1094 **Nagel**

1095 **Photo Opportunity**

1096 **Löwenstatue vor Eingang**

1097 **unvollständig**

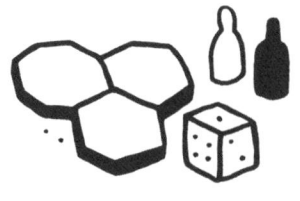

1098 **Brettspiel**

1099 **Webcam**

1100 **Heißluftballon**

1101 **scroll down**

1102 **Umkleidekabine**

1103 **Ultraschallbild**

1104 **füttern**

1105 **tropisch**

1106 **ungewöhnlich**

1107 **Formen-Puzzle**

1108 **Mathematik**

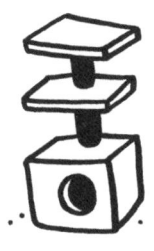

1109 **Katzenbaum**

1110 **Himmelstor**

 1111 **Edelsteine**

 1112 **blind**

 1113 **Performance**

 1114 **Drogen**

 1115 **dekorieren**

 1116 **Feierabend**

Sebastian Jung

Sebastian Jung ist Ideensucher. Es gibt kaum einen Ort, an dem er nicht schon fündig geworden wäre.

Aufgaben betrachtet er am liebsten aus ungewöhnlichen Perspektiven, mit einem neugierigen Blick. Und wer ihn beauftragt, darf mit einem unverwechselbaren Humor rechnen, Doppeldeutigkeit, ironischen Brüchen.

Nach dem Studium in Kommunikationsdesign (HS Düsseldorf) gründete er 2017 das Ein-Mann-Unternehmen »Studio Eberhards Sohn«. Tagsüber konzentrierte er sich auf die Bereiche Illustration und Markenbildung. Abends ging er auf Ideensuche, fand Inspiration für eigene Projekte: skurrile Fotomotive, ungewöhnliche Ausstellungskonzepte und Skulpturen. Aktuell entwirft er Konzepte für Workshops, die anderen dabei helfen sollen, selbst auf unverbrauchte Ideen zu kommen.

Sebastian lebt und arbeitet in Düsseldorf-Oberbilk, fährt einen alten klapprigen VW-Bus und schaut sonntags im Bett am liebsten Samurai-Filme.

Anregungen, Kritik, Fragen, Informationen zu aktuellen Projekten oder Anfragen für Kreativ-Workshops unter:

www.sebastianjung.website
@sebastianj.ung (Instagram)

Photo: Sarah Holfeld

Impressum

© Jahr 2022
Verlag Hermann Schmidt und beim Autor

Alle Rechte vorbehalten.
Dieses Buch oder Teile dieses Buches dürfen nicht ohne die schriftliche Genehmigung des Verlages vervielfältigt, in Datenbanken gespeichert oder in irgendeiner Form übertragen werden.

Konzept: Sebastian Jung
Illustrationen: Sebastian Jung
Text: Paul Linke, Sebastian Jung
(Paul Linke ist Textarbeiter und Journalist am Wochenende bei der Berliner Zeitung. Gesammelte Werke unter: www.torial.com/paul.linke)
Foto: Sarah Hollfeld
Satz: Cosima Wagner
Lektorat: Sandra Mandl
Verwendete Schriften: TodaySB
Papier: 120g/m² Amber Graphic
Gesamtherstellung:
Eberl & Koesel, Altusried

verlag hermann schmidt
Verlag Hermann Schmidt
Gonsenheimer Straße 56
55126 Mainz
Tel. 06131/50 60 0
Fax 06131/50 60 80
info@verlag-hermann-schmidt.de
facebook: Verlag Hermann Schmidt
twitter/instagram: VerlagHSchmidt

Stay tuned!
Alle zwei bis vier Wochen versenden wir Newsletter, in denen wir über aktuelle Neuerscheinungen, Veranstaltungen und Aktionen informieren.
Abonnieren auf
www.verlag-hermann-schmidt.de

ISBN 978-3-87439-918-0
Printed in Germany with Love.

Wir übernehmen Verantwortung.
Nicht nur für Inhalt und Gestaltung, sondern auch für die Herstellung.

Das Papier für dieses Buch stammt aus sozial, wirtschaftlich und ökologisch nachhaltig bewirtschafteten Wäldern und entspricht deshalb den Standards der Kategorie »FSC Mix«.

Die Druckerei ist FSC- und PEFC-zertifiziert. FSC (Forest Stewardship Council) und PEFC (Programme for the Endorsement of Forest Certification Schemes) sind Organisationen, die sich weltweit für eine umweltgerechte, sozialverträgliche und ökonomisch tragfähige Nutzung der Wälder einsetzen, Standards für nachhaltige Waldwirtschaft sichern und regelmäßig deren Einhaltung überprüfen. Durch die Zertifizierung ist sichergestellt, dass kein illegal geschlagenes Holz aus dem Regenwald verwendet wird, Wäldern nur so viel Holz entnommen wird, wie natürlich nachwächst, und hierbei klare ökologische und soziale Grundanforderungen eingehalten werden.

Die Zukunft sollte man nicht vorhersehen wollen, sondern möglich machen.

Antoine de Saint-Exupéry

Bücher haben feste Preise!
In Deutschland hat der Gesetzgeber zum Schutz der kulturellen Vielfalt und eines flächendeckenden Buchhandelsangebotes ein Gesetz zur Buchpreisbindung erlassen. Damit haben Sie die Garantie, dass Sie dieses und andere Bücher überall zum selben Preis bekommen: Bei Ihrem engagierten Buchhändler vor Ort, im Internet, beim Verlag. Sie haben die Wahl. Und die Sicherheit. Und ein Buchhandelsangebot, um das uns viele Länder beneiden.